スイーツもごはんも本物みたいに作っちゃおう♪

ねんど de クッキング BOOK

はっとりみどり

あいさつ

ふわふわやさしい手ざわりのねんどで
お料理をしているような気分を
楽しめる本ができました。

クッキングにゃんこは
ねんど料理の名人。
たくさんのレシピをごしょうかいします。
みなさんも ねんどクッキングを
楽しんでみてね。

はっとりみどり

contents
もくじ

動画が見られる！

↜このマークのところ
をアクセスすると、
動画が見られるよ！
おうちの人にやって
もらってね！

バゲット・コッペパン・
クロワッサンの作り方が
見られます。

※二次元バーコードが読み込め
る専用のアプリが必要です。

クッキングにゃんこ

おいしいごはんや
スイーツをいっぱい
作ってね！

ぴこ

おまけのクイズが
95ページにあるよ♪
チャレンジしてね！

ぴいすけ

ねんどって楽しい♪

ねんどは工夫しだいで、いろいろなものが作れます。
本物みたいなミニチュアフードを作って、ねんどあそびを楽しみましょう！

すきな形が思いのまま！

やわらかいねんどだから、手でこねたり色をまぜて丸めたり。絵の具で色をつけることも、はさみで切ることもできちゃう！

＼こねたり…＼

＼色をぬったり…＼

本物そっくりに作れちゃう♥

お店の料理も大すきなスイーツも、ほら、できた♪　本当に料理してるみたいでしょ！

切ってみたら、びっくり！

色をぬったり、中に入れてまいたりしたら、切ってみよう！ どんな形になるか楽しみだね！

／包丁で切ってるみたい！＼

＼お菓子の家に♥／

あそびが広がる！

作ったミニチュアフードは、ちょっとしたアイデアでステキなグッズに大変身！ いろいろなあそび方が楽しめるよ♪

アクセリーにも！

きほんの素材と用具

この本の制作に使う、きほんの素材と用具です。
また、身近な素材を使って、いろいろな作品を作ってみましょう。

ねんど

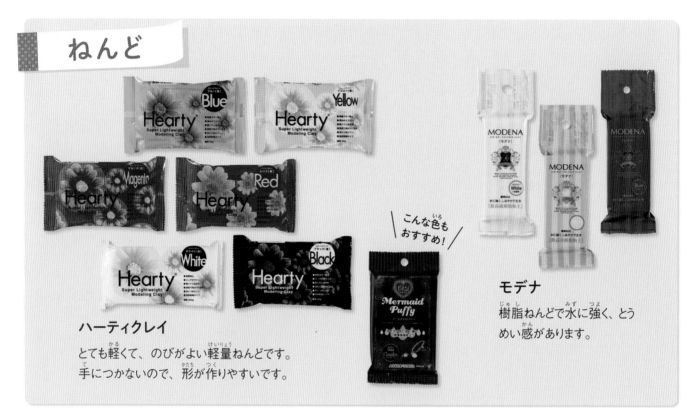

こんな色もおすすめ！

ハーティクレイ

とても軽くて、のびがよい軽量ねんどです。
手につかないので、形が作りやすいです。

モデナ

樹脂ねんどで水に強く、とうめい感があります。

用具

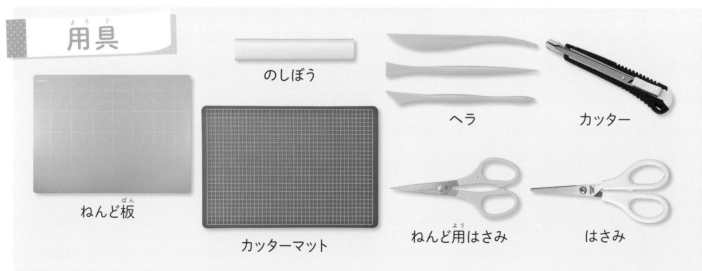

のしぼう

ヘラ

カッター

ねんど板

カッターマット

ねんど用はさみ

はさみ

ストロー

紙コップや紙皿など

たまごパック

おかずカップなど

缶やビンのふた

ドリンクパック

マスキングテープや
セロハンテープ

折り紙など

空き箱

食品トレー

あるとべんりなもの

水性ニス

クリーム用ねんど
（シリコーンホイップ）

デコ
ソース

手芸用
のこぎり

作ったものや、小さな
パーツは、お菓子のケースに
入れておくといいよ！

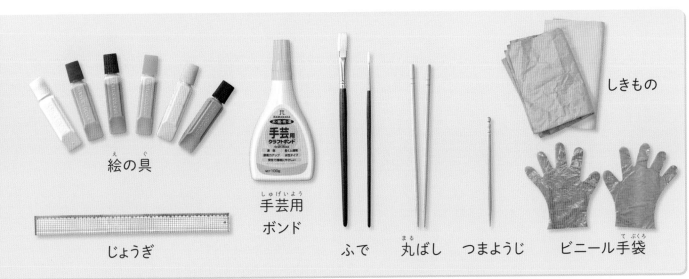

絵の具

手芸用
ボンド

しきもの

じょうぎ

ふで

丸ばし

つまようじ

ビニール手袋

9

きほんのテクニック

ねんどであそぶために、きほんとなることです。
これをおぼえておくと、いろいろな制作に役立ちます。

形を作る

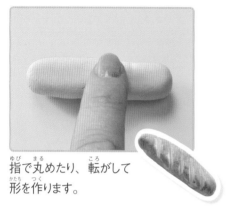

指で丸めたり、転がして
形を作ります。

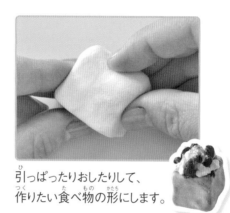

引っぱったりおしたりして、
作りたい食べ物の形にします。

色をまぜる

よくまぜて、ちがう色にしたり、
マーブルもようにします。

用具を使う

ヘラ

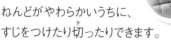

ねんどがやわらかいうちに、
すじをつけたり切ったりできます。

はさみ

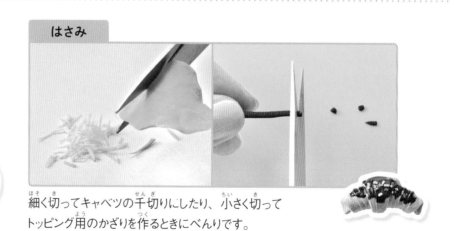

細く切ってキャベツの千切りにしたり、小さく切って
トッピング用のかざりを作るときにべんりです。

カッター

かたまってからカッターで
切ると、きれいに切れます。

そのほかの用具

ふで

絵の具で焼き色やソースをつけるときに、ふでを使うと、きれいにぬれます。

のしぼう

平らにするときに使います。

つまようじ

小さなものをつけるときや、ボンドをぬるときに使います。

じょうぎ

長いすじをつけるときにべんりです。

クッキー型

クッキー型でぬけば、いくつも同じ形が作れます。

> ねんどは、すぐにかたまるから気をつけてね!

作るときに注意すること

1 ねんどを使うときは、使う分だけ取り出し、のこりはすぐにラップにくるんだり、**ファスナーつきのビニール袋**に入れましょう。

2 はさみやカッター、先のとがった用具を使うときは、**けがをしないように気をつけましょう。**

3 テーブルがよごれたり、きずがつかないように、**しきものをしきましょう。** カッターを使うときは、**かならずカッターマットを使いましょう。**

4 用具や素材は、小さな子の手がとどかないところにおきましょう。

すきな色を組み合わせたり、本物の食べ物の色を見たりしながら作ってね！

クレイマスターになろう！

カラーチャート

赤・黄色・青と白があれば、ほとんどの色が作れます。
チャートの玉の、大きさのバランスを見ながら、いろいろためしてみましょう。

きほんカラー

きほんの色の作り方です。マゼンタがあると、色のバリエーションが広がります。

赤　黄色　青　白　マゼンタ

オレンジ色　緑色　黄緑色

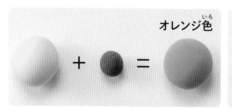
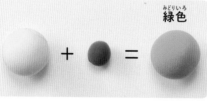
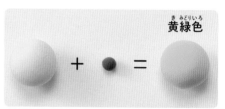

ピンク色　赤むらさき色

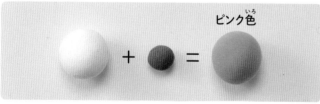
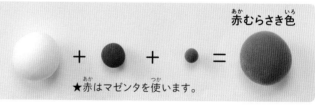

★赤はマゼンタを使います。

チョコレート色　青むらさき色

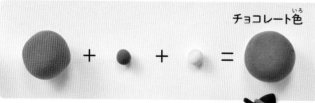
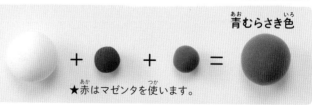

★赤はマゼンタを使います。

※チョコレート色や黒など、作るのが
むずかしい色は、その色のねんどを
使うことをおすすめします。

ゆめかわカラー

白に少しの色をまぜると、人気のゆめかわカラーになります。

★赤はすべてマゼンタを使います。

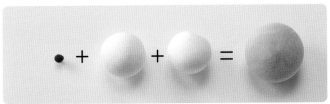

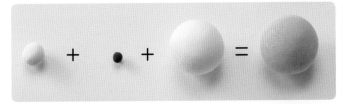

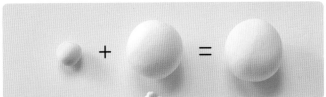

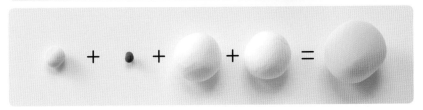

パン・クッキーカラー

パンやクッキーの色の組み合わせです。
少しのちがいで、本物らしくなります。

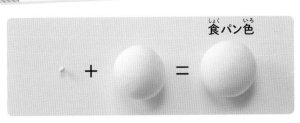

食パン色

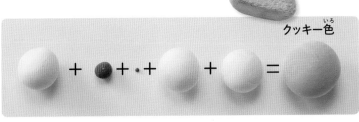

クッキー色

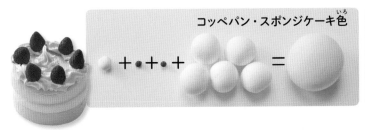

コッペパン・スポンジケーキ色

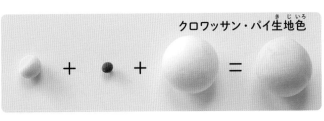

クロワッサン・パイ生地色

PART 1

パン

こねてパンの形にして、
焼き色をつけたら本物そっくり！
焼きたての香りがしてきそう♪

Bakery

14

コッペパン

1

＼まんまる／

うす茶色のねんどを丸める。

2

＼コロコロ／

コロコロと指で転がしてのばす。

ポイント

絵の具は少しずつ重ねてぬると、いいよ!

3

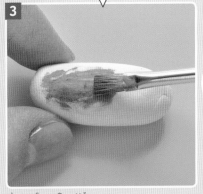

絵の具で焼き色をつける。

＼できあがり!／

切ってみよう!

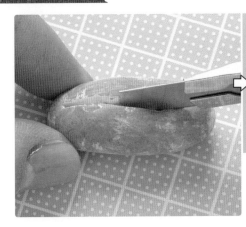

ねんどがかたまらないうちに、カッターで切りこみを入れ、具をはさむ。

サンドイッチに!

ホットドックに!

大きく開いていろいろな具を入れたら、できあがり!

中にはさむ時は、ねんどのパンがやわらかいうちに広げようね!

おぐらクリームドッグ

＼ アレンジ ／

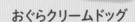

黒コッペ

23ページのたまごサンドの、たまごだよ!

たまごドッグ

15

＼すきな動物を作っちゃおう！／

あんパンダパン

1

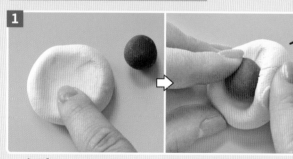

うす茶色のねんどに、
丸めた茶色のねんどをつつむ。

少しへこませて、焼き
色つけたらあんパンに！

あんこが
たっぷり！

2

顔の形にして、茶色のねんどで耳と目、はなをつける。

できあがり！

カメロンパン

1

メロン色に丸めたねんどに、
ヘラですじをつける。

メロンパンの
できあがり！

2

ちがう色のねんどで、顔や足、
しっぽをつける。

\できあがり！/

目は茶色のねんどで。

ヤドカリコロネ

1

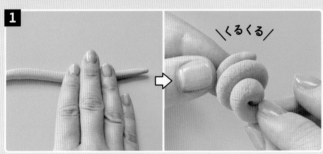

くるくる

うす茶色のねんどを細長くしたら、くるくるとまく。

チョコ色のねんどを
つめれば、チョココロネ！

2

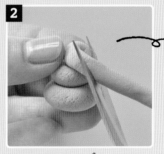

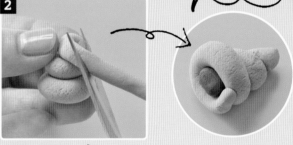

あまったところを切り、コロネ
の形にする。

3

\できあがり！/

はさみで三角に切り取り、
ヤドカリのはさみを2つ作る。

はさみと目をつける。

17

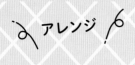
アレンジ

大きさや形をかえて、
作ってね!

いろいろトッピングして、
あま～いクロワッサンに!

動画が見られる!

バゲット・コッペパン・
クロワッサンの作り方が
見られます。

バゲット

1

指で転がして細長くする。

2

ヘラですじをななめにつける。

3

焼き色をつける。

\できあがり!/

切ってみよう!

かたまったら、カッターで
切る。

カッターを使うと、
きれいに切れるよ。
気をつけて使ってね!

クロワッサン

ポイント
たて長になるように切ってね!

1
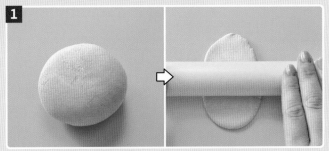
うす茶色のねんどを丸めてから、のしぼうで平らにする。

2

はさみで三角に切る。

3

ヘラですじをつける。

4 ＼くるくる／

うら返して、広い方からまいていく。

5

両はじを少し曲げる。

6

焼き色をつける。

＼できあがり!／

フルーツソースの作り方

1
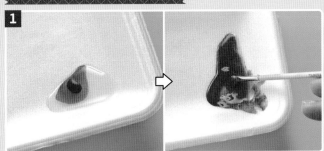
トレイなどに絵の具とニスを入れ、つまようじでまぜる。

ポイント
ニスを使うと、つやが出るよ。
使ったあとは、ふでをよく洗おう。

2
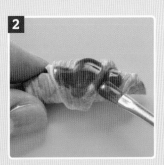
ふでや、つまようじでぬる。

いろいろな色でためしてね!

細かく切ったねんどをトッピング!

フルーツやチョコを
トッピング！

デニッシュ

うずまきデニッシュ

1

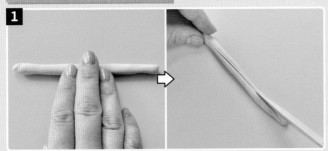

うす茶色のねんどを指で転がして、細長くのばす。
ヘラで細長いすじをつける。

ポイント
中がわから、まいて
いくよ。

2 ＼くるくる／

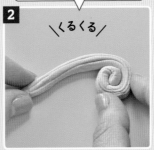

くるくるとまいていく。

＼できあがり！／

焼き色をつける。

四角いデニッシュ

1

のばしたねんどを四角にする。

2

まわりにヘラですじをつける。

3

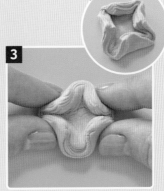

四つの角を折る。

4

ボンドをぬり、ベビーパウダー
をふる。

＼できあがり！／

フルーツデニッシュ
うずまきデニッシュに、
フルーツをトッピング。

※フルーツの作り方は27〜31ページです。

スライスアーモンド

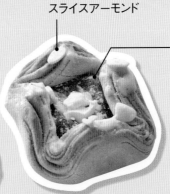

チョコデニッシュ
ねんどを指でつぶして、
スライスアーモンドに！

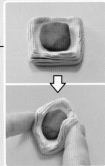

チョコ色のねんどを
はさんで角を折る。

はさんだりのせたり、
食パンをアレンジ！

食パン

切ってみよう！

1

食パン色にしたねんどを指で
四角くする。

ポイント
白いねんどに少しだけ黄色を
まぜると、食パンらしくなるよ。

2

全面に絵の具をぬる。

3

かたまったら、カッターで切る。

できあがり！

何枚切りにする？
すきなあつさに切ってね！

22

山がた食パン

できあがり!

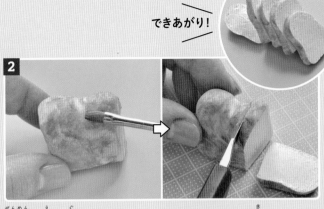

1

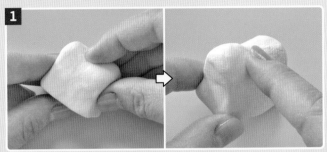

食パンの形にしながら、頭に山を2つ作る。

2

全面に絵の具をぬり、かたまったらすきなあつさに切る。

ミックスサンド

ハムはピンクと白をまぜて、丸めたら平らにするよ。

1

切ったパンにボンドをぬり、すきな具をのせる。

2

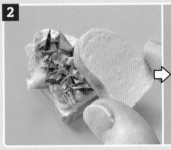

もう1枚のパンにボンドをぬって、はさむ。
上から少しおして、くっつける。
※レタスの作り方は66ページです。

具を半分のせて、くるっとまけばロールサンドに!

できあがり!

カッターで半分に切る。

たまごサンド

1

食パンの生地をうすくのばしたら、はさみで四角に切る。2枚作る。

2

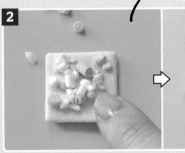

白と黄色のねんどを細かく切ったら、パンにはさむ。

3

カッターで三角に切る。

できあがり!

自由に作ろう！

お店にある食べたいパンや、こんなパンが
あったらいいなと思うものを、自由に作ってみよう！

クリームパン

ハニートースト

食パンの上にアイスク
リームやフルーツをの
せ、ソースをかけて。

おばけパン

ユニークなパンが
そろったね！

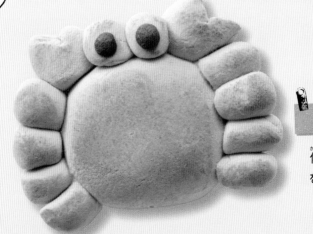

かにパン

体も足もつめも、丸み
を出すとかわいい♥

細長いパンを3本作って、三つあみにしたよ。クッキー型でぬいたかざりをつけてできあがり！

三つあみリースパン

プレッツェルを作ろっと！

プレッツェル

細長いパンをくるくる、くねくね！

ミックスドッグ

アニマルパン

いろいろな動物の顔を作ろう！

食べた〜い！

PART 2

フルーツ

すきなくだものは何？
あまずっぱくてフレッシュな
フルーツをしょうかいするよ！

いちご

1 赤いねんどの先を少しとがらせて、いちごの形にする。

チョンチョン

2 つまようじでつぶつぶをつける。

3 つまようじでヘタをつける。

動画が見られる！

いちご・みかんの作り方が見られます。

\できあがり！/

みかん

1 みかん色のねんどを丸めたら、少しつぶす。

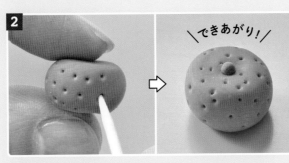

\できあがり！/

2 つまようじでつぶつぶをつけ、ヘタをつける。

バナナ

まるごとバナナ

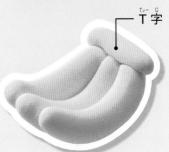

T字

バナナの形にしたら、T字を作って2〜3本くっつけるよ。

こんな形に

皮むきバナナ

実　　皮

1 うす黄色を細長くする。黄色を平らにする。

2 皮の片がわに、ギザギザに切れ目を入れる。

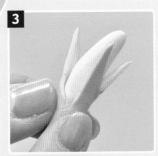

3 実に皮をまきつける。

\できあがり！/

メロン

1

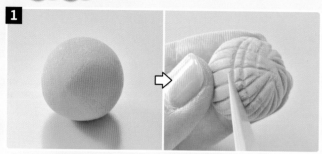

メロン色を丸めて、ヘラで全体にすじをつける。

2

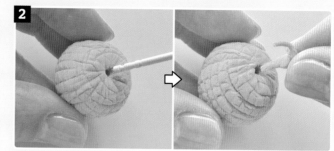

頭につまようじで穴を開け、ヘタを作ってさしこむ。

\できあがり！/

カットメロン

1

うす黄緑をくし形にして、実を作る。

2

メロン色をうすくのばして、実の底に貼る。

3

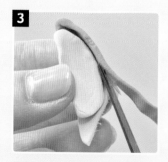

あまったところは、はさみで切る。

4

ストローで真ん中をぬく。

\できあがり！/

メロンのもようは、大きくなるときにできる、かさぶたなんだって！

パイナップル

1

黄色をパイナップルの形にする。

2

ヘラで全体にすじをつける。

3
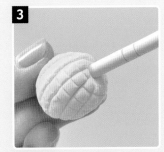
頭につまようじで穴を開ける。

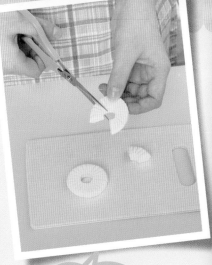

カットパイナップルはやわらかいうちに、はさみで切ってね!

4

うすくのばしたねんどをギザギザに切る。2枚作る。

5

2枚重ねて、くるっとまく。

6

メロンの穴にさしこむ。

\ できあがり! /

カットパイナップル

1

丸めて平らにしたら、真ん中をストローでぬく。

2
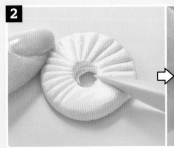
外がわに広がるように、ヘラですじをつける。

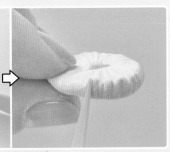

ポイント
まわりにもすじをつけると、パイナップルらしくなるよ!

\ できあがり! /

りんご

まるごとりんご ·······································

1

赤いねんどをりんごの形にする。

2
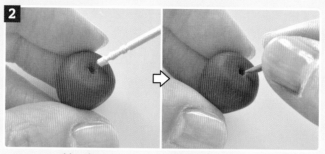
つまようじで穴を開けたらボンドを少しつけ、茶色のヘタをさしこむ。

＼できあがり！／

切ってもりんご ·······································

1

クリーム色をりんごの形にする。

2

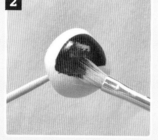
絵の具で赤くぬる。

ポイント
つまようじにさしてぬると、きれいにぬれるよ！

切ってみよう！

3
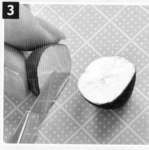
かたまったら、カッターで切る。

＼できあがり！／

キウイ

1
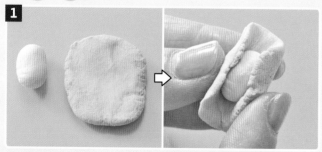
うす黄色をだ円にしたら、黄緑色でつつんでキウイの形にする。

2

緑色にぬり、かたまったら輪切りにする。

切ってみよう！

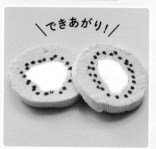
＼できあがり！／
ペンで、たねをかく。

すいか

1

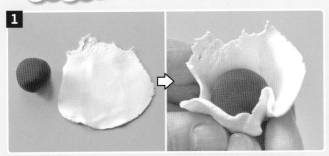

丸めた赤いねんどを、うすくのばした白いねんどでつつむ。
あまりは切る。

2

うすくのばした緑色で、さらに
つつみ、すいかの形にする。

3

かたまったら、ペンでもようを
かく。

切ってみよう!

かたまったらカッターで切り、
ペンでたねをかく。

\できあがり!/

洋なしもりんごと
同じように作ってね!

すいかは、
野菜の
なかまだよ。

小さく丸めたら
ぶどうになるよ。

じょうぎですじをつけ
て、かたまったら切
るよ。たねはペンで
かいてね。

野菜

身近な野菜をねんどで作ろう！
どんな色や形をしてるかな？
本物をよ〜く見て作ってね！

トマト

1 赤いねんどをトマトの形にする。

2 つまようじで、たてにすじをつける。

3 頭にヘタをつける。

\ できあがり！/

プチトマト ・・・・ 輪切りトマト ・・・・・・・・・・・・・・・・・・・・

\ できあがり！/

小さく丸めて、ヘタをつける。

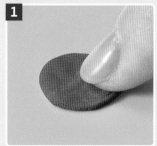

1 丸めて指で平らにする。

2 つまようじの太い方で穴を開ける。

\ できあがり！/

ブロッコリー

マーブルもように、するんだね！

1 緑色と黄緑色をざっくりまぜたら、きのこのような形にする。

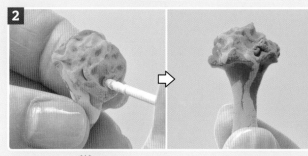

2 つまようじで、頭をでこぼこさせる。

3 くきのところを少し切る。

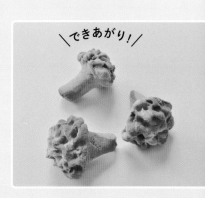

\ できあがり！/

33

お母さんみたいに、じょうずに切れるかな～。

動画が見られる！

きゅうりの作り方が
見られます。

きゅうり

切ってみよう！

1

うす黄緑色を細長くする。

2

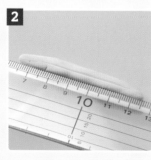

じょうぎですじをつける。

3

つまようじにさして、緑色の
絵の具をぬる。かわいたら、
つまようじをぬく。

＼できあがり！／

かたまったら、カッターで切る。

さつまいも

1

うす黄色をさつまいもの形にする。

2

つまようじで、ところどころすじをつけ、穴を開ける。

3
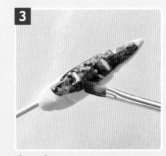
絵の具をぬり、かわかす。

＼できあがり！／

じゃがいも

さつまいもと同じように作る。

＼できあがり！／

茶色の絵の具をうすくぬるよ！

かぼちゃアレンジ

かぼちゃ

1

オレンジ色を丸めたら、少し平らにする。

2
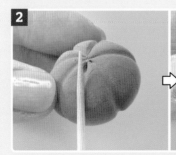
つまようじですじをつけ、頭に穴を開ける。

＼できあがり！／

穴にヘタを入れる。

カラーピーマン

カラフルに作ってね！

1

オレンジ色をピーマンの形にする。

2

たてにすじをつける。

できあがり！

頭にヘタをつける。

とうもろこし

1

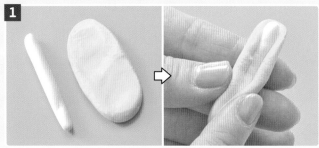

細長く丸めた白を、だ円形にのばした黄色でつつむ。

2

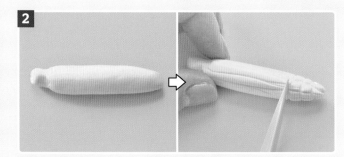

頭にヘタをつけたら、たて・横にヘラですじをつける。実のできあがり！

3

葉を2枚作り、ヘラでたてにすじをつける。

4

葉を実にまく。

できあがり！

切ってみよう！

だいこん

1

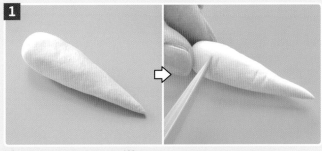

白いねんどをだいこんの形にして、ところどころにすじを
つける。

2

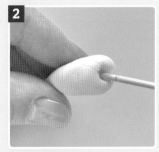

頭に穴を開ける。

この野菜たちも
同じように作れるよ！

3

葉を作り、つまようじで穴にさしこむ。

＼できあがり！／

ラディッシュ

にんじん

かぶ

料理するときの
切り方には、
名前があるよ！

切り方いろいろ

千切り

細かい線のように切るよ。
キャベツの千切りが、そうだね。

輪切り

丸いものを切るときに使う
言葉だよ。

らん切り

まわしながら、ななめに切る
切り方だよ。

★ほかにもいろいろな切り方があるよ。調べてみよう！

PART 3

スイーツ

あま〜いスイーツがいっぱい♥
パティシエになった気分で
大すきなスイーツを作ってね!

パンケーキ

1

うす茶色をのばしぼうで平らにする。

2

クッキー型で2枚ぬく。

3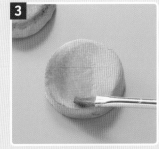

焼き色をつける。

\できあがり!/

クッキー

♪アレンジ♪

ゆめかわ
パンケーキ

★ゆめかわ色のねんどの作り方は13ページを見てね!

型ぬきクッキー

1

クッキー色をのしぼうで平らにし、スポンジでもようをつける。

2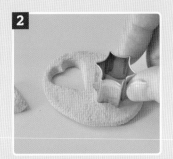

クッキー型でぬく。

マーブルクッキー

1

クッキー色とチョコ色をまぜて、マーブルもようにする。

2

スポンジにおしつけて、でこぼこのもようをつける。

\できあがり!/

すきな形に作ってね!

ロールケーキ

ポイント
クリームの方を少しうすくすると、まきやすいよ。

1

うす黄色と、クリーム用白を四角く切る。クリームは上下を短くする。

2

クリームが真ん中にくるように、重ねる。

3
＼くるくる／

まいていく。

＼できあがり！／

まき終わりを下にする。

切ってみよう！
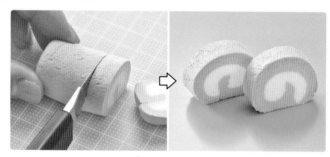
かたまったら、カッターで切る。

小さな小さな
ロールケーキができた〜！

かわいいボタンを
お皿にしたよ！

すてきなロールケーキを
作ってね♥

バームクーヘン

1 うす茶色をうすく、細長く
のばす。

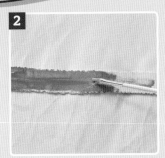

2 茶色の絵の具で、片面だけを
ぬる。

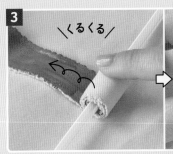

くるくる

3 色をぬった方を内がわにして、ストローにまきつけ
まき終わったらストローをまわしながらゆっくりぬく。

切ってみよう！

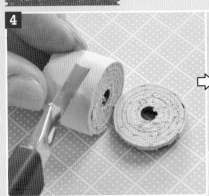

4

できあがり！

しっかりかたまってから、
カッターで切る。

絵の具の茶色が、
輪っかのもように見えたら、
大せいこう！

すきなものを入れてアレンジしてね♪

アップルパイ

1

うす茶色を丸くのばして、パイ生地を作る。

2

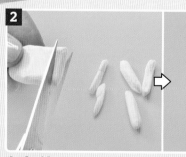

黄色を丸めてはさみで切り、りんごのスライスを作ったら、パイ生地にのせる。

3

うす茶色を細長く切る。

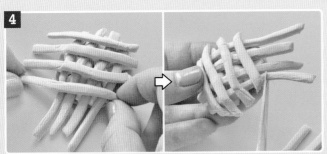

4 パイの上に **3** を十字にのせていき、あまりを切る。

5 細長くしたうす茶色をパイのまわりにまく。

6 まわりにヘラですじをつける。

7 焼き色をつける。

＼できあがり！／

切ってみよう！

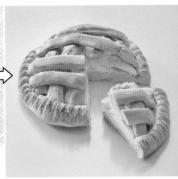

かたまったら、カッターで切る。

パンプキンパイ

＼できあがり！／

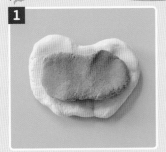

1 うす茶色をかぼちゃの形にして、オレンジ色をのせる。

2 うす茶色を細長く切って、たてにのせたら、かぼちゃの形に合わせてまく。

ヘタをつけたら、焼き色をつける。

ドーナツ

かんたんプレーンドーナツ

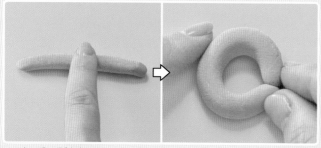

うす茶色を細長くのばし、輪にする。

＼できあがり！／

アイシングドーナツ

1
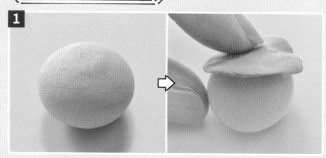

うす茶色を丸め、うすくのばしたピンクをのせて、なじませる。

2

ストローで真ん中をぬく。

＼できあがり！／

カフェで食べるカラフルドーナツに♥

フレンチクルーラー

うす茶色を丸めたら、ヘラですじをつける。

できあがり！

ストローで真ん中をぬく。

お店のドーナツ
そっくり！

色や形をくふうして
作ってみてね！

♪ アレンジ ♪

切って中にはさんで、
クリームドーナツに！

チョコフレンチクルーラー
チョコ色を少しのせてから、
ストローでぬく。

クレープ

1

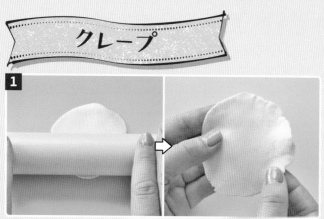

のばしぼうで、うすくのばしたら、さらに手で丸くのばす。

2

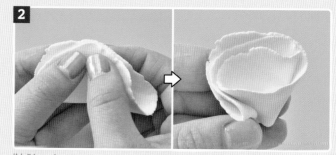

半分に折ってから、ふんわりとまく。

3

中にクリームをつめる。

4

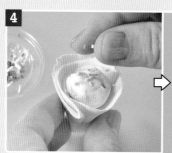

かざりをトッピングする。

ラッピング

5

両面テープ

がら折り紙をおうぎ形に切り、両面テープで貼り、クレープを入れる。

\できあがり!/

\アレンジ/

白い絵の具をぬった、スライスいちごをトッピング!

ロリポップ

1

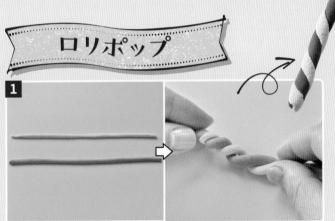

色をかえたら、しましまクッキーになるよ!

2色のねんどを細長くしたら、2本合わせてねじる。

2

中がわから、まいていく。

\できあがり!/

つまようじをさす。

マカロン

1

すきな色を2つ丸める。
白は丸めてから平らにする。

2

つまようじですそにすじをつける。

3

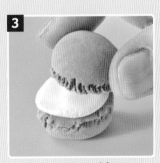

クリームをはさんで重ねる。

ポイント
上から少しつぶすと、マカロンらしくなるよ。

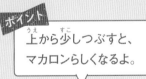

\できあがり!/

47

カップケーキ

ポイント

トッピングするかざりは、先に作っておこう!

1

クッキー色をカップケーキの形にする。

2

上にチョコ色をのせる。

3

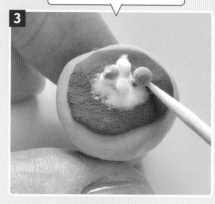

かざりをボンドでつける。

4

マスキングテープをまく。

＼できあがり!／

アレンジ

カップの作り方

1

紙のおかずカップの、まわりを切る。

2

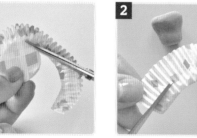

カップケーキの高さに合わせて切る。

3

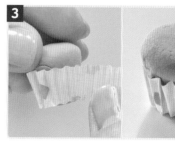

まいてあまりを切り、セロハンテープでとめる。

デコレーションケーキ

いちごのショートケーキ

クリーム用ねんどを
使ったよ！

1
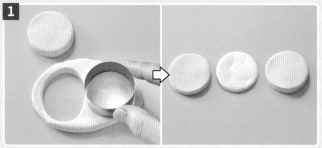
型ぬきでスポンジを2枚、クリームを1枚ぬく。
クリームはスポンジよりうすくする。

2
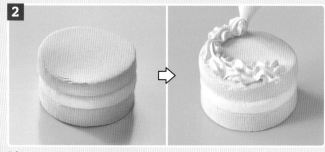
重ねたら、クリームをしぼる。

3

いちごを作り、トッピングする。

＼できあがり！／

＊ここでは市販のクリーム
用ねんどを使っています。

自分で作るクリームの
作り方は、
57ページを見てね。

アレンジ

チョコレート
ケーキ

ゆめかわケーキ

1
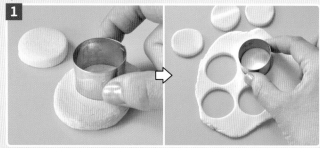
すきな色をそれぞれ平らにのばしたら、型ぬきでぬく。
クリーム用の白も同じようにぬく。

2
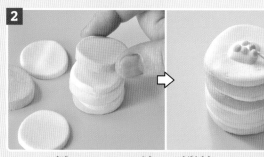
クリームを間にはさみながら重ね、一番上をクリームにする。
小さなつぶのねんどをボンドでつける。

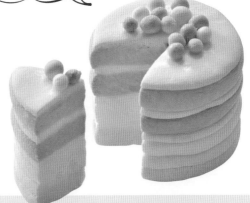

ゆめかわケーキの
できあがり！

できあがり！

かたまったら、カッターで切る。

★ゆめかわ色の作り方は13ページを見てね。

レモンクリームタルト

1

丸めたうす茶色の上に、茶色、クリームのじゅん番に重ねる。

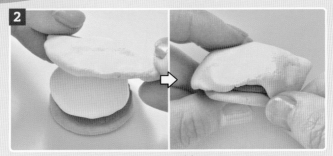

2

レモン色をのせて、かぶせるように下までつつみこむ。

3

細長くしたうす茶色をまわりにまく。

4

つまようじで、まわりにすじをつける。

できあがり！

ねんどのミントをかざって、できあがり！

切ってみよう！

かたまったら、カッターで切る。

51

和菓子

地域で名前が
かわるよ!

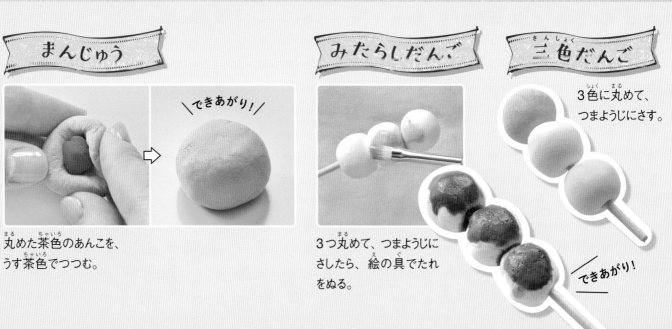

まんじゅう

丸めた茶色のあんこを、
うす茶色でつつむ。

→ できあがり!

みたらしだんご

3つ丸めて、つまようじに
さしたら、絵の具でたれ
をぬる。

三色だんご

3色に丸めて、
つまようじにさす。

できあがり!

どら焼き

1
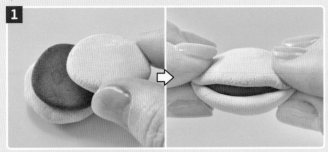
うす茶色を2枚作り、丸めて平らにしたら、あんこをはさむ。

2

焼き色をつける。

\できあがり!/

さくらもち（ちょうめいじ）

1
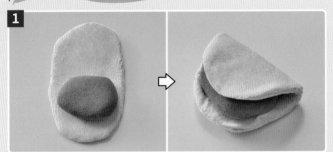
ピンク色をうすくのばしたら、あんこをはさむ。

2

黄緑色を葉の形にして、ヘラですじをつける。**1**に葉をまく。

\できあがり!/

さくらもち（どうみょうじ）

ピンクを丸めたら、つまようじでつぶつぶをつける。

\できあがり!/

葉をまく。

かしわもち

白や草色のおもちを作り、ねんどの葉でまく。

53

ひえひえスイーツ

アイスクリーム

1

2色のねんどをまぜて、
マーブルもようにする。

2

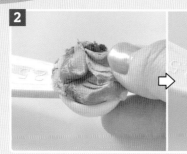 

けいりょうスプーンにつめたら取り出す。

ポイント

はみ出したところを少し
のこすと、本物みたいに!

3

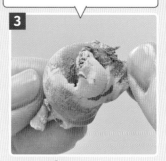

あまりは手でちぎる。

\できあがり!/

♪アレンジ♪

ペットボトルの
キャップをお皿にしたよ!

54

カップアイス

この入れものを使ったよ!

できあがり!

カラフルなアイスをのせてね!

コーヒークリームの入れものに、ねんどをおしつけてもようをつけたら、取り出す。

ふちをととのえて、アイスクリームを作ってのせる。

ワッフル

じょうぎですじをつけても、もようになるよ!

1

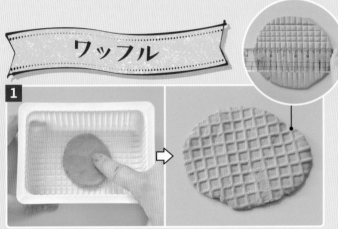

クッキー色を丸めて平らにしたら、とうふパックにおしつけて、もようをつける。

2

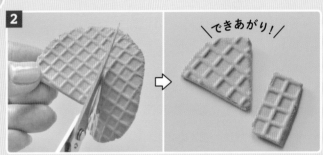

できあがり!

少しかたまったら、はさみですきな形に切る。

ソフトクリーム

クリームは細長くしたねんどをまいて、先を細くする。

できあがり!

ワッフルを三角にまいてコーンを作り、ソフトクリームをのせる。

55

もう1こ
のせちゃおう♪

パフェ

1 とうめいなグラスに、すきな
色のねんどを重ねて入れる。

2 アイスクリームをのせる。

ポイント

トッピングするクリームやかざり
は、はじめに作っておこう。

3 クリームをかざる。

4 ニスと絵の具をまぜたソースを
つまようじでぬる。

最後に小さく丸めたねんどを
トッピングするよ。

＼できあがり！／

わ～♪

身近なものが、
入れものになるよ！

動画が見られる！

パフェの作り方が
見られます。

※入れものは59ページのように、
たまごパックでも作れます。

56

アレンジ！

47ページの
ロリポップを
かざったよ。

ロリポップを
アレンジした
しましまクッキー！

フルーツの輪切りや、
ソースでカラフルに！

ペットボトルの
キャップで！

クッキーを
細長くして、
チョコをまいたよ。

いろいろな形の
クッキーをトッピング！

クリームの作り方

★いろいろな形のクリームだよ。スイーツのトッピングに使ってね！

波形クリーム

1

2

白いねんどを細長くして、じょうぎで3本ほどすじをつける。

すじを消さないようにしながら、小さな波を作る。

うずまきクリーム❶

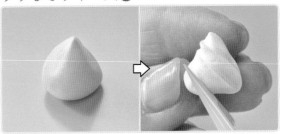

三角にして、ヘラでななめにすじをつける。

うずまきクリーム❷

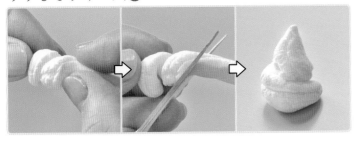

波形クリームの**1**を作ったら、くるくるまく。はさみで先をななめに切る。

★いろいろな形のクリームを作っておくと、べんり！

UV-LED レジンに チャレンジ！

つめたい飲み物や、すき通った食べ物を作るのに、ぴったりな素材だよ！

★作る前に59ページの「UV-LEDレジンて なあに？」をよく読んでね。

クリームソーダ

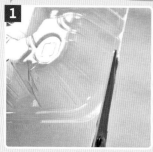

1 たまごパックのはじを細く切り、ストローを作る。

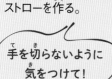
手を切らないように 気をつけて！

2 小さなグラスにレジン用着色剤を少したらす。

3 レジンを入れて、つまようじでかきまぜる。

4 ストローをグラスにさし、ねんどのアイスクリームを入れたら、かたまるまで日光に当てる。

できあがり！

かき氷

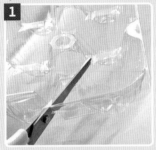

1 たまごパックのでこぼこのところを切って、入れものにする。

2 レジン用着色剤を少したらす。

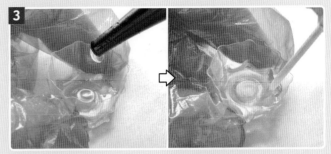

3 レジンを少し入れて、つまようじでかきまぜる。

4 白いねんどを入れる。

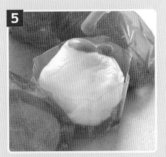

5 ねんど用ソースをかける。

できあがり！

マンゴー味の
かき氷！

UV-LEDレジンてなあに？

紫外線を当てることで、自由な形にかたまる素材です。専用の着色剤をまぜると、すき通ったきれいな作品が作れます。

作る前に
よく読んでね！

レジンを使うときに気をつけること

● まどを開けて、よくかんきをしましょう。

● よごれないように、しきものや手袋を使いましょう。

● かたまるまで、さわらないようにしましょう。

● レジンは、かたまるときに熱が出るので、なるべく小さな作品にしましょう。

専用の用具を使うと、
より上手に作れるよ！

UV-LEDレジン
（ソフトタイプ）

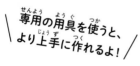

レジン用
着色剤

デコソース
（ねんど用ソース）

UV-LED ハンディライト
（日光より早くかたまる用具）

レジン用ミニチュアグラス・
パフェグラスなど

自由に作ろう！

あまくてかわいいスイーツを作ろうね！
どんなものがすき？　パティシエになって
オリジナルのスイーツを作っちゃおう♪

フルーツクレープ

モンブラン

カラフルな
スイーツだね！

ハロウィンケーキ

むらさき色とチョコ色を使うのがポイント！
ペットボトルのキャップにのせたよ。

ブッシュドノエル

チョコ色でロールケーキを
作ったら、切りかぶのもよう
を入れたよ。クリスマスに
ぴったり！

イルカのマリンケーキ

ショートケーキ

カステラを四角く切って、
いちごとクリームをかざったよ！

ホワイトロールケーキ

チョコに白い生地をまいて、カラフルなスプレーをトッピング!

大すきないちごを
いっぱいのせ
ちゃおっと♥

いちごの生クリームケーキ

プリンアラモード

うす黄色をプリン形にして、まわりにフルーツをかざって。

板チョコ

アルミはくでつつんだよ。

こんなケーキ
食べたかった♥

マカロンタワー

クッキー生地を三角のツリー形にしたら、小さなマカロンをボンドでつけて。

PART 4

料理

ハンバーグやピザ、おすし…
みんなが大すきな料理がいっぱい。
Let's クッキング!

ゆでたまご

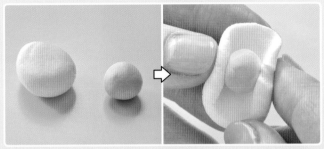

黄色のねんどを白いねんどでつつむ。

できあがり！

ゆでたまごの形に。

切ってみよう！

かたまったら、カッターで切る。

いろいろな形に切ってみてね！

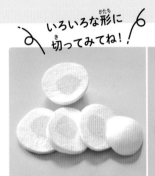

どんな黄身になっているかな〜？

ドキドキ

たまご焼き

1

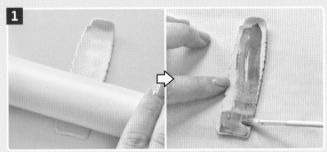

黄色のねんどをうすく長くのばしたら、片面だけに絵の具で
焼き色をつける。

2

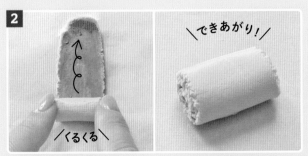

くるくる

色をぬった方を内がわにして、たてにくるくるとまいていく。

切ってみよう！

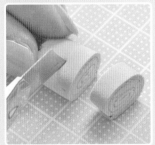

かたまったら、カッターで切る。

目玉焼き

できあがり！

白いねんどを丸く平らにしたら、
丸い黄色のねんどをのせる。

63

ピザ

ハムはピンクと白をまぜて、平らにしてから切るよ。

1

ピザの具を切っておく。

2

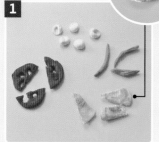

うす茶色を丸めたら、まわりをのこして指でおさえる。

3

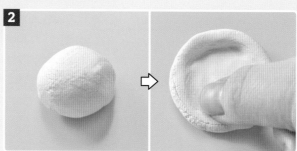

赤いねんどをしいて、黄色をのせる。

切ってみよう！

4

具をボンドでつける。小さな具は、ピンセットを使う。

できあがり！

やわらかいうちに、はさみで切る。

チーズがとろ〜り！

のばしたチーズを上下のピザにボンドでつける。

キッシュ

1 キッシュの具を切る。

2 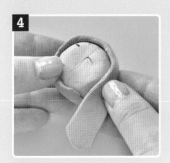 うす黄色のねんどに具をまぜながら、平らな丸にする。具は少しのこしておく。

3 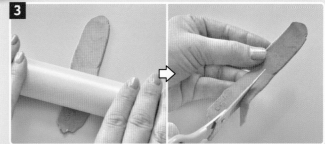 うす茶色を長くのばし、**2** のまわりのはばに合わせて、細く切る。

4  **2** のまわりにまき、あまりは切る。

5  ヘラですじをつける。

ポイント
上にもすじをつけると、キッシュの生地らしくなるよ！

6  のこった具をトッピングしたら、焼き色をつける。かわいたら、ニスをぬる。

\ できあがり！／

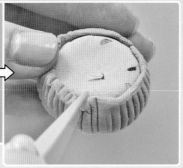

かたまったら、カッターで切ってみてね！

カレー

1

具を作っておく。

★32〜37ページの野菜を見て作ってね。

2

入れものに茶色のねんどをつめて、具をのせる。

3

\できあがり！/

ニスをぬる。

ナン

1

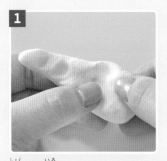

食パン色のねんどをナンの形にする。

2

焼き色をつける。

缶のふたをお皿にしたよ。

\できあがり！/

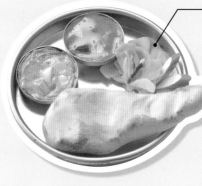

レタスは黄緑色と白をざっくりまぜたら、手でちぎる。

シチュー

\できあがり！/

1

プラスチックの入れものを切って、皿にする。

2

皿にクリーム色のねんどをつめる。

3

カレーと同じ具をトッピングする。

かわいたらニスをぬる。

フライドチキン

1

茶色のねんどをチキンの形にする。

2
\できあがり!/

いろいろな形を作り、焼き色をつける。

フライドチキンは、肉の部位で形がちがうんだよ!

なるほど!

本かくてきな、スパイシーカレープレートに♪

レストランの
メニューみたい♥

ポイント

全体にでこぼこができるように、もようをつけてね！

1

こげ茶色をたわら形にする。

2

スポンジでもようをつける。

3

茶色の絵の具をまぜたニスをぬる。

＼できあがり！／

チーズインハンバーグ

1 ハンバーグの形(かたち)にしたら、スポンジでもようをつける。

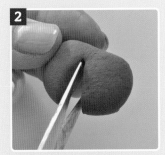

2 はさみで切(き)りこみを入(い)れ、少(すこ)し開(ひら)く。

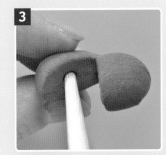

3 はしで穴(あな)を開(あ)ける。

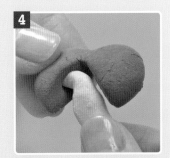

4 黄色(きいろ)のねんどの先(さき)を穴(あな)に入(い)れる。

\できあがり!/

スパゲッティーナポリタン

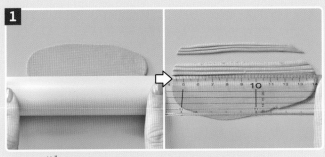

1 オレンジ色(いろ)をうすくのばしたら、じょうぎですじをつけ、3本(ぼん)つけたら切(き)る。3〜4回(かい)くり返(かえ)して、めんを作(つく)る。

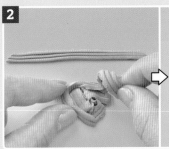

2 めんを丸(まる)めながら、まとめる。

3 具(ぐ)をトッピングする。

4 ニスをぬる。

\できあがり!/

♪ アレンジ ♪

カルボナーラ

69

ぎょうざ

ポイント
つめやヘラでおすようにすると、
ぎょうざのひだができるよ。

1

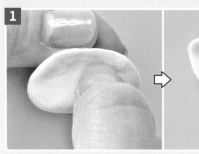

白いねんどをぎょうざの形にする。

2

ひだにヘラですじをつける。

\できあがり!/

しょうろんぽう

大きく作れば、
ちゅうかまんに!

1

白いねんどを丸め、先を少し
とがらせる。

2

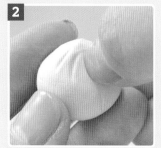

先のまわりに、つめですじを
つける。

\できあがり!/

本物の
点心みたい!

しゅうまい

1

白いねんどをうすくのばし、
四角に切る。

2

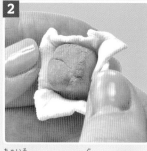

茶色のねんどの具を、**1**で
つつむ。

3

頭につまようじで穴を開ける。

\できあがり!/

緑色のねんどでグリーンピース
を作り、のせる。

あついうちに、めしあがれ！

はるまき

1

茶色のねんどをうすくのばし、四角に切る。

2

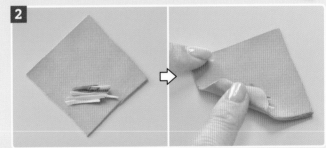

千切りした具をのせ、真ん中くらいまで、まいていく。

3

両はじを折ってから、上の角を折る。

できあがり！

切ってみよう！

かたまったら、カッターで切る。

〈 すし 〉

アイスのふたが
すしおけに変身！

動画が見られる！

まぐろ・いくらずき・たまご
の作り方が見られます。

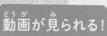

まぐろ

ポイント
まぜすぎると、ピンク色に
なるから気をつけてね！

1

白いねんどをしゃり（すしの
ごはん）の形にする。

2

赤いねんどに少し白いねんどをまぜる。

3

四角に切る。

72

4

しゃりの上にのせる。

\できあがり！/

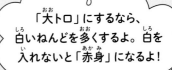

「大トロ」にするなら、白いねんどを多くするよ。白を入れないと「赤身」になるよ！

大トロが食べたい！

えび

1

オレンジ色を平らな三角にして、えびの身の形にする。

2

ヘラでもようをつける。

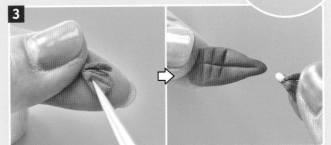

3

えびのしっぽを作り、すじをつけたらボンドで身につける。

ポイント
細いふでを使うと、きれいにできるよ。

4

白い絵の具で、すじにうすく色をつける。

\できあがり！/

しゃりの上にのせる。

♪ アレンジ ♪

いろいろなおすしを作ろう！

たまご

サーモン

73

いくらのぐんかんまき

1

しゃりと、赤い小さな丸い
つぶを作る。

2

しゃりのまわりに黒い紙を
まく。

3

しゃりにボンドをぬり、
つぶをのせる。

＼できあがり！／

太まき

1

黒いねんどをうすくのばし、四
角に切る。白いねんどをその
上にのせる。

2

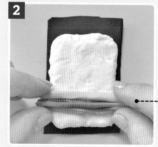

細長くした具をのせる。

ズームアップ！

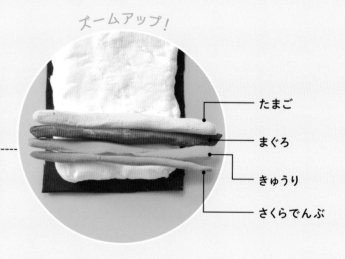

たまご

まぐろ

きゅうり

さくらでんぶ

3

＼くるくる／

具をおさえながら、まく。

4

指でなじませて、はがれ
ないようにする。

＼できあがり！／

アレンジ！

切ってみよう！

いろいろな具を
入れてみてね！

細まきも作ってね！

かたまったら、カッターで
切ってみよう！

手まきずし

1

黒いねんどをうすくのばし、四角に切って焼きのりにする。

2

焼きのりにレタスとしゃりを
のせる。

すきな具を
のせてまいてね！

3

\くるっ/

さらに具をのせて、三角にくるっとまく。

\できあがり！/

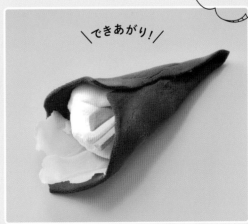

自由に作ろう！

野菜を切ったり、まぜたり……。おいしそう！
おうちの人が作ってくれる大すきな料理や、
お店の料理を作ってみよう！

スコッチエッグ

ゆでたまごをハンバーグでつつんで、切ったらスコッチエッグのできあがり！

カレーライス

> レストランに来たみたい！

ミックスサラダ

レタスの作り方で色を変えて、たっぷり野菜のサラダに！切ったゆでたまごをそえて。

> ふんわりオムライスができた♥

オムライス

76

いなりずし

茶色のねんどをたわら形にしたら先を少しつまむよ。油あげでつつんだように見せるのがコツ。

ほかにもいろいろ作ってね!

ハンバーガー

丸いパンを作ったら半分に切って、野菜やハンバーグをはさむよ。

おにぎり

つまようじでつぶつぶをつけると、ごはんみたいになるよ。

バジルスパゲッティー

黄緑のスパゲッティーを作ったら、小さくちぎったバジルをちらして。大人の味!

だてまき

たまご焼きを作って、まきすでまいたよ!

ひやしちゅうか

めんを作ったら、細長く切った野菜やハムをトッピング!

77

PART 5
あそび方アイデア

今までしょうかいした
ミニチュアフードであそべる、
アイデアをごしょうかい!

ランチボックス

作った料理をおべんとう箱につめて、ピクニックに行こう！

ドリンクパックのおべんとう箱

1

空いたドリンクパックを半分ほど切りとる。

2

底から1cmほどのこして四つの角に切りこみを入れる。

3

切ったところを外がわに折り、高さに合わせてあまりを切る。

4

セロハンテープでとめる。

＼できあがり！／

おいしそうなおべんとうができた♪

♪アレンジ♪

お菓子のケースを切って

いろんな入れものが、おべんとう箱になるよ！

紙コップを切って

画用紙を貼り合わせて
※94ページに型紙があります。

びんのキャップで

※ラッピングクッキーの作り方は92ページです。

パーティー

ピザや料理を持ちよって、
みんなでわいわい！　楽しいね♪

ピザボックス

1

94ページの型紙に合わせて
紙を切る。

2

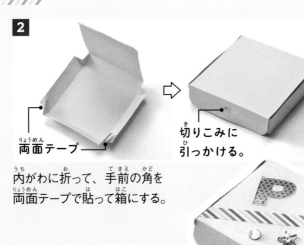

両面テープ

内がわに折って、手前の角を
両面テープで貼って箱にする。

切りこみに
引っかける。

\できあがり！/

マスキングテープやシールでかざってね！

パーティーチキン

小さな紙コップを切って
入れものにするよ。

1

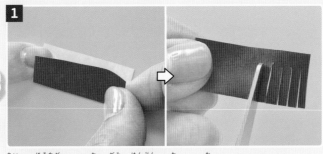

小さく細長くした折り紙を半分に折り、折ったところに
切りこみを入れる。

2

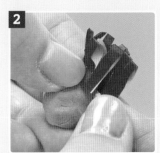

切りこみを入れたところを少し
ふくらませたら、チキンのほね
にまいて、セロハンテープで
貼る。

はし入れ

折り紙を袋の形に折って、マスキング
テープでかざる。

はしは、短く切った、
つまようじだよ！

ティータイム

スイーツを作ったらケーキスタンドにのせてね。
いっぱいかざれば、コレクションにもなるよ！

ケーキスタンド

紙皿と紙コップを貼り合わせ、真ん中に
穴を開けてストローなどをさす。

かざりやシールを
貼ると、とっても
キュート♥

ラッピング
ペーパーや
折り紙

ストローに折り紙を
貼って、フラッグに！

竹ぐし

紙皿の大きさを
変えてもいいね！

かわいいボタンは、
スイーツに
ぴったりだね！

ボタンの皿

大きなボタンやカラフルなボタンを皿にする。

みんなそろったら、
ティータイムのスタート♥

お祭り

お祭りって、ワクワクするね！
お店がいっぱいならんで、うれしいな！

たこ焼き

うす茶色のねんどを丸めて、茶色のソースをぬったら、かつおぶしや青のりを作ってトッピングする。

たこやき

※お店の作り方は92ページです。

入れもの

1

のりしろ

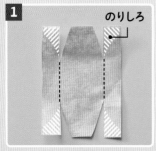

94ページの型紙に合わせて紙を切り、折り目をつける。

2

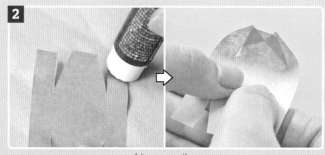

のりしろにのりをつけて、外がわに貼る。

できあがり！

ふねの形になるように、ととのえる。

りんごあめ

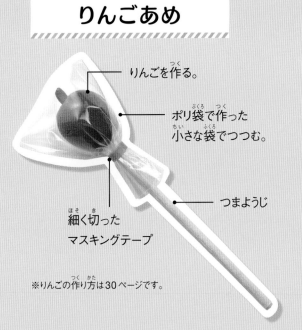

りんごを作る。

ポリ袋で作った
小さな袋でつつむ。

つまようじ

細く切った
マスキングテープ

※りんごの作り方は30ページです。

チョコバナナ

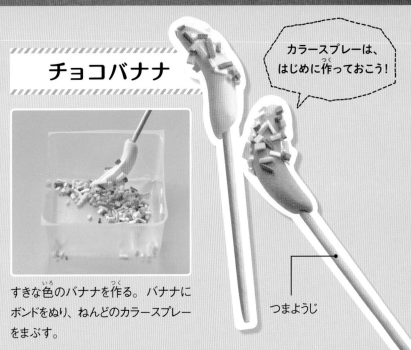

カラースプレーは、
はじめに作っておこう！

すきな色のバナナを作る。バナナに
ボンドをぬり、ねんどのカラースプレー
をまぶす。

つまようじ

お菓子の家

ティッシュの箱や紙コップが、
お菓子の家に大変身！
すきなスイーツをかざろう！

土台の作り方

動画が見られる！

お菓子の家の作り方が見られます。

土台にティッシュの空き箱を使います。

1

ティッシュの空き箱を開き、すきな長さに切る。ビニールは外しておく。

2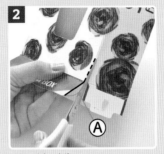

Ⓐと同じ長さまで、4つの角に切りこみを入れる。（点線のところ）

3

Ⓐを山折りして屋根にしたら、後ろでセロハンテープでとめる。

4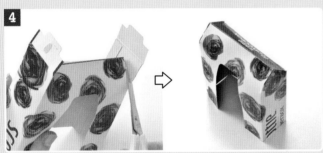

両はじを屋根の形に合わせて切り、セロハンテープでとめる。

5

クッキー色のねんどをうすくのばして生地を作る。

6

箱の外がわをつつむように、生地を貼る。

7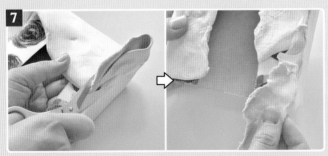

あまりは、はさみで切り取り、足りないところは、あまった生地を足す。

8

スポンジでおすようにしてなじませながら、クッキーのでこぼこもようをつける。

家の土台のできあがり！

★次のページに続くよ！

87

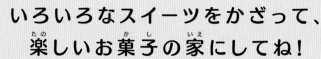

いろいろなスイーツをかざって、
楽しいお菓子の家にしてね!

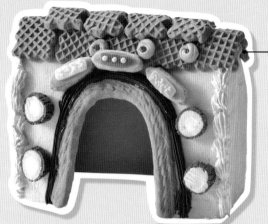

ワッフルもようのクッキーを
屋根のかわらにしたよ。

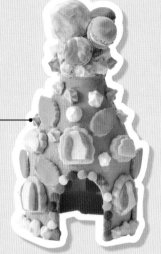

ペットボトルを土台に。すきな長さに
切って、口の方を屋根にするよ。

★ペットボトルを切るときは、切り口
で手を切らないように注意してね!

紙コップの土台に、
マカロンやクッキー
をかざって。

土台をチョコレート色にす
ると、かざったスイーツが
引き立つよ!

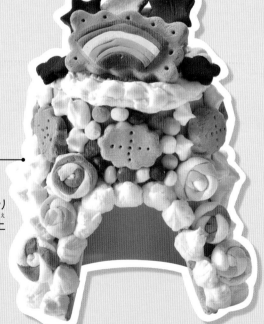

クリームをたっぷり
かざると、雲の上
のお城みたい!

88

おしゃれ
アイテム

作ったミニチュアフードをキュート＆
おもしろアイテムにしてみよう！

アクセサリー

アクセサリーにして、おしゃれしてね♥
パーツをつけるときは、ボンドでしっかり
貼ろうね！

**ホットドッグ
リング**

**ドーナツ
リング**

**ロリポップ
ブローチ**

うらにパーツを
ボンドで貼る。

野菜のブレスレット

野菜に金具をつけて、
ひもでむすぶと、ブレスレットに！

ヘアアクセ

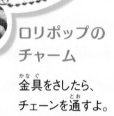

ロリポップの
チャーム

金具をさしたら、
チェーンを通すよ。

いろいろ組み
合わせて、お気に入りの
グッズにしてね!

フォトスタンド

メモばさみガーランド

ひもに木のピンチを通し、ミニ
チュアフードをボンドで貼るよ。
かべにかざってね!

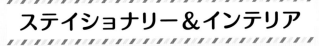

ステイショナリー＆インテリア

文ぼう具やインテリアにもかざっちゃおう！
勉強が楽しくなるね♪

ペン立て

紙皿に紙コップを貼って、
サンドイッチなどをかざって。

えんぴつ
キャップ

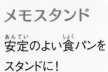

メモスタンド

安定のよい食パンを
スタンドに！

マグネット

バゲットを組み合わ
せて、うらにマグネッ
トを貼るよ。

\あるとべんり！/
ミニチュアグッズ

作ったミニチュアフードをかざったり、
あそびに使えるグッズをしょうかいするよ！

テーブル

空き箱のふたに、短く切ったわりばし
をセロハンテープで貼るよ。テーブ
ルクロスは折り紙で作ってね。

お店・屋台

空き箱のふたに折り紙
を貼って、たなやお店に
するよ。屋根の足はスト
ローや竹ぐしを使ってね。

アイスクリームスタンド

カラーワイヤーを曲げて、スタン
ドにするよ。コーンのアイスや
クレープに使おう！

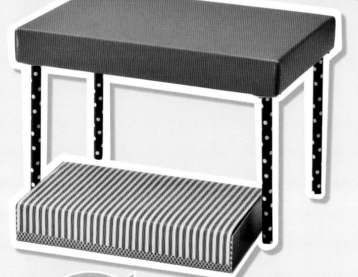

りんごあめをさすときは、
キリなどで穴を開けるよ。

アイスぼうの
バゲット入れ

アイスのぼうを紙コッ
プの長さに合わせて
切り、紙コップに貼っ
たら、リボンをまくよ。

ラッピングクッキー

ポリ袋を切り、セロハンテープで
貼って小さな袋にするよ。袋の
口は、マスキングテープでむすん
でね。プレゼントにぴったり♪

モチーフ ＆ デコ文字

カラーコピーして使います。
食器にしたり、お店に貼ってあそんでね！

型紙

★入れものを作るときに、コピーして型紙として使ってね。

―――― は切る
―――― は切りこみを入れる
・・・・・・ は折る
▭ はのりしろ（のりをつけるところ）

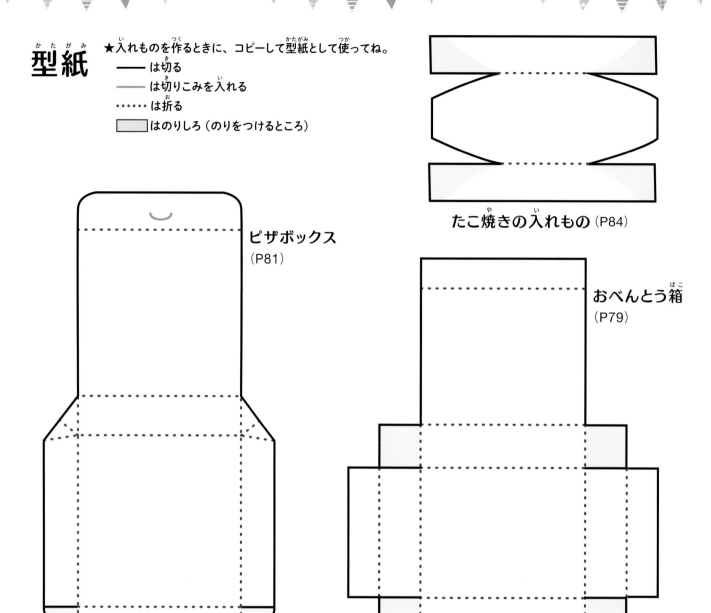

ピザボックス（P81）

たこ焼きの入れもの（P84）

おべんとう箱（P79）

まちがいさがし

2〜3ページの写真と下の写真をくらべてみてね。
ちがうところが6こあるよ。

2〜3ページの
文字はかんけい
ないよ！

★答えは次のページだよ！

ねんどやUV-LEDレジ
ンのことをくわしくしょうか
いしているよ！

協力
株式会社　パジコ

〒150-0001　東京都渋谷区神宮前 1-11-11-408
☎03-6804-5171（代表）
Https://www.padico.co.jp

HPはこちらから
アクセスできます。

著者　はっとりみどり

武蔵野美術大学彫刻学科卒。株式会社サンリオにて立体デザイナーとして勤務ののち、有限会社ポッシュベールを設立。羊毛フェルトや粘土にいのちを吹き込んだ作品で、書籍、ハンドメイドキットを多数制作。幅広い支持を得ている。信州大学繊維学部造形実習講師。羊毛フェルト・クレイ普及協会理事。著書に「ガールズクラフトBOOK」(日東書院)「羊毛フェルトのふわふわ子猫」シリーズ（主婦の友社）「超かんたん羊毛フェルトのマスコット」（ブティック社）「さがそ! きせつの ぎょうじ 12 かげつ（いえさがし）」（学研）「にゃんころえんそく日和」（学研）など。

HP　https://www.pochevert.co.jp
Instagram　https://www.instagram.com/midorihattori ▶▶

Staff

アートディレクション	大薮胤美（フレーズ）
デザイン	尾崎利佳（フレーズ）
撮影	伝 祥爾
	渡邊遊可
スタイリング	伊藤みき
モデル	Airi.K
編集	大口理恵子
制作	肥後奈美子　梶原真実　田中霧香　三井昌子
動画制作	Yumo　Sae Onishi
協力	オズ エディターズ
ルビ・校正	(株)ウエイド
企画・進行	鏑木香緒里

素材協力　株式会社パジコ

この本を出版するにあたり、たくさんの皆様にお力をいただきました。心より感謝いたします。

Special Thanks
たまごの会ふれんずのみなさん

スイーツもごはんも本物みたいに作っちゃおう♪
ねんどdeクッキングBOOK

2020年7月20日 初版第1刷発行

著　者	はっとりみどり
発行者	廣瀬和二
発行所	株式会社日東書院本社

〒160-0022 東京都新宿区新宿2丁目15番14号 辰巳ビル
TEL 03-5360-7522（代表）　FAX 03-5360-8951（販売部）
振替 00180-0-705733　URL http://www.TG-NET.co.jp

印刷	三共グラフィック株式会社
製本	株式会社セイコーバインダリー

まちがいさがしの答え